왕방산 치과의사

정춘식 시집

"체험을 통한 다양한 해학 생산과 자연 관찰을 통한 자아발견"
예리하고 독창적인 이야기를 시로 풀어내는 시집!

왕방산 치과의사

정춘식 시집

청솔가지 위에 빨간 모자를 쓰고
노란줄무늬 조끼를 입은 딱따구리 한 마리
분주하게 옮겨 다니며 딱 딱 딱
소나무 산수유나무에 붙어 쪼아대는 모습이
영락없이 치과선생님이다

문학공원

자서

내 인생의 발걸음

누구나 한 번 왔다 가는 인생입니다

가슴에 쌓인 모든 시간들의 감정을

이렇게 시인이 되어 쓰게 될 줄은 정말 몰랐습니다

문득 자연을 바라보고

자연에서 느낀 이치와 사연이 가슴에 가득 채워진

저의 이야기에 귀를 기울여 주시기 바랍니다

다니던 길 위에 뿌려진 수많은 사연들이

포도송이처럼 주렁주렁 매달려 투덜거리며

발자국처럼 따라다닐지도 몰라요

평범했던 스토리가 새콤달콤해질 때까지

변해가는 과정 속에서 추억을 함께 공감하고

가슴이 행복해지는 사람이 되셨으면 좋겠습니다

2021년 초가을

정 춘 식 배상

1부 감자의 진통

두더지 토목기사	12
감자의 진통	14
어처구니없는 일	16
담쟁이 재봉사	17
숨은 글씨 찾기	18
도둑 잡으려다가	19
카페의 주인	20
바람난 코스모스	21
천사의 나팔	22
추억	24
매미의 이산가족	25
만남의 옥수역	26
배추의 일생	27
잔치국수	28
땀 흘리는 나무	30
잡채 속의 사계	31
두 마리 토끼를 놓치다	32
무능한 뻐꾸기 아빠	33
단짝친구 구슬이	34
큰 주걱	36

2부 콩새네 오두막집

까치가 물어간 이	38
그래도 돼지	40
금수정에 가다	41
봄이라는 너	42
우비와 옥수수	43
수제비 생각	44
나무들의 옷차림	46
1일 천하	47
은행나무	48
절규하는 나뭇잎	49
분꽃	50
칡넝쿨 사랑	51
넝쿨강낭콩의 심술	52
콩새네 오두막집	53
포도잼	54
우리 동네 장자호수	55
산소와 진달래꽃	56
내 마음의 한파주의보	57
치료 받는 참나무	58
느티나무의 일생	59

3부 왕방산 치과의사

참외엄마의 마음	62
왕방산 치과의사	63
왕숙천 둘레길에서	64
개똥쑥의 방귀	65
개암나무의 백일	66
우렁이의 꿈	67
소나무 축제	68
솔방울의 분가	69
벼락바위	70
박새네 집	71
땅콩을 심다	72
바람 부는 날	73
붕어빵	74
운조루에서	75
처서 병원	76
출근길	77
호박의 설움	78
텃밭으로 온 콩새	79
연꽃 축제	180

4부 문정왕후가 되다

유년의 강을 건너다	82
아버지 이발하는 날	84
반월산성 둘레길	85
문정왕후가 되다	86
수박을 찾아서	88
귀걸이를 고르다	90
오월의 평화	91
허수아비	92
옥수수 밭에서	93
버드나무 함지박	94
고마운 쥐	95
썰매 타는 닭	96
안방에 부는 태풍	98
연시	99
북엇국	100
몽고반점	101
빈집	102
산 지하 펜션 가는 날	103
종강여행	104
왕 싸가지	105
왕방산 호랑나비	106
경복궁의 봄놀이	107

작품해설 110
김순진 - 체험을 통한 다양한 해학 생산과
        자연 관찰을 통한 자아발견

1부
감자의 진통

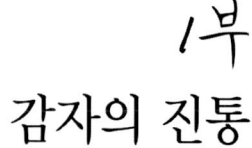

두더지 토목기사

하룻밤 자고 나니 삼총사 친구들이 까만 안경을 쓰고
어두운 세계로 출근을 했다
어두운 밤에만 활동하는 검은 털보친구
개미 쥐 친구들이 공사현장으로 가버렸다

그래서 친구들이 생각나서 용마산에 올라서
별내동 인창동 장자동을 바라보았다
모든 땅들이 고요하지만 속사정은 들썩이고
퍼내고 퍼내도
끝이 없는 공사현장이다

빼곡히 들어선 바위 자갈 모래
치열한 경쟁사회에서 양보 없는 투쟁
악착같이 굴을 뚫어야 한다
길이 끝나는 곳에서 다시 터널로 이어지는
친구들의 발자국마다 뭉클한 숨결로 고여든다

구멍을 뚫어야 하는 사명감에
머리를 터널 공사하는 두더지 친구를 생각한다

감자의 진통

초록빛으로 물들여지는 칠월이다
하지병원으로부터 연락이 왔다
그래서 달려갔더니 명아주 쇠뜨기풀 어쩔 줄 몰라 하고
산통이 온 감자가 산파를 기다리며 울고 있다

머리카락은 산통으로 탈색되어 누렇게 변했고
끊임없이 연결된 탯줄에 배가 터 있다
뜨거운 태양빛을 아프도록 받아내고
이리저리 흔들리면서 순산을 꿈꿨다

하지병원의 감자 담당 전문의는 호미다
드디어 해산선문의인 그녀가 왔다
이리저리 배를 만지더니
형제들이 눈을 동그랗게 뜨고 탯줄이 잘렸다
응애 응애 응애

잿빛하늘 아래 푸른 숲속 하지병원
이 방 저 방에서 동시에 아기들의 울음소리가 들린다

여기저기 뽀얀 아이들이 태어났다
산파의 얼굴에 구슬땀이 맺힌다

해산전몸의 안

어처구니없는 일

어머니는 광문을 열고 큰 양푼에 콩을 푹 퍼다
다라 물에 담그고 한참을 기다린다

동그랗던 얼굴이 어느새 퉁퉁 불어 넙대구래하다
서로서로 손을 잡고 월미도 디스코팡팡을 탄다
어지러워 정신을 잃는다
돌산 터널이 무서워 얼마나 울었는지
눈물 콧물이 초가지붕 밑에 달린 고드름 같다

지금은 마트에서 두부를 사지만
그때는 명절이나 제사, 벼 타작 때면
집에서 맷돌을 갈아야 두부를 먹을 수 있었다

왼손으로 힘들게 어처구니를 돌리던 어머니를
이젠 영영 볼 수 없으니 마음이 어처구니없다

담쟁이 재봉사

갈증을 견디며 밤을 새웠다
끊임없이 굳은살 박인 손으로 재봉틀을 돌려야 했다
벚꽃나무 참나무 아카시아나무
한 땀씩 나무들의 외출용 신사복 가봉이 끝났다
가쁜 숨 몰아쉬며 겨우 참나무 발등에서
허리로 옷을 입혔다
검은 커튼이 걷히기 시작하며
조명이 비추고 연녹색 드레스가 등장했다
드디어 담쟁이의 눈물이 왈칵 쏟아져 떨어졌다
담쟁이 손끝에서 만들어진 옷을 입은 나무들
세상을 향해 당당히 걸어갈 것이다

숨은 글씨 찾기

  남편과 오랜만에 장미공원에 말놀이를 하며 산책길을 걸었다

  장미덩굴새박덩굴칡덩굴호박덩굴오이덩굴나팔꽃덩굴강낭콩덩굴작두콩덩굴완두콩덩굴포도나무덩굴조팝나무덩굴고구마덩굴

  이슬비가을비구슬비보슬비소낙비겨울비가랑비는개비테레비안개비봄비밤비낮비여우비

  뱃길버스길택시길자전거길오솔길꽃길밤길하늘길장농길

  늘어진 야산의 초여름 나무숲 길을 말놀이를 하며 걷다 보니
  벌써 집에 도착을 했다

  * 김순진 시인의 「숨은그림찾기」를 패러디하다

도둑 잡으려다가

우리 텃밭은
여러 사람들이 모여 일하는 공동체 텃밭이다
우리 텃밭에는 들깨 옥수수 상추 토마토 등
많은 식구들이 옹기종기 모여 산다
그런데 그 땀의 열매 훔쳐가는 도둑들이
여기저기 숨어 목을 길게 빼고 노리고 있다
부동산 윤 사장 회집하는 박 사장 그리고 우리 남편
그 도둑을 잡기 위해 셋이서 그물을 쳤다

그런데 날개 달린 도둑들이 얼마나 약삭빠른지
참새 비둘기 까치 실컷 훔쳐 먹은 도둑들이
그물을 피해 창공을 자유롭게 날아간다
그물에는 거미줄만 쳐있고
도둑들은 이리저리 사람들을 약을 올린다
벌건 대낮에 도둑을 잡으려던 남자 셋
두꺼비소주병만 잡고 있다

카페의 주인

후덥지근한 밤이다
창문을 열었다
어둠이 짙을수록 조명 불빛은 밝았다
바니걸스가 왔나 보다
두 매미들의 합창 공연이 시작했다

나는 턱을 고이고
그녀들의 공연에 점점 빠져든다
그녀들은 멋진 하모니로 노래한다
수많은 사람들 창문을 열고 공연을 보고 있다

어느새 조명이 하나둘 꺼지고 먼동이 튼다
그녀들은 짐을 싸더니 손을 흔들며 떠나갔다
그런데 나중에 안 사실이지만
그녀 둘은 정원카페의 공동 주인이었다

바람난 코스모스

나는 그녀들이 가을에만 바람이 나는 줄 알았다
뜨거운 온기가 졸고 있는 사이
그녀들은 각자 화장을 하고 있다
그리고 중복바람을 타고
용마산 입구 계단에서 줄을 서며
미스코리아 선발대회처럼 살랑살랑 웃고 있다
그녀들의 따뜻한 품은 식지 않는데
바람의 움직임에 속아서 바람이 났나 보다
지금부터 살랑살랑 바람을 피워대니
늦바람이 들면
얼마나 많은 여자들에게 치근덕거릴까

천사의 나팔

바람이 지나가는 시월
나주에서 밤을 새우고 있다
아침을 먹고
서울로 황급히 발걸음을 재촉하느냐
눈물 바람을 떨어뜨리고 있다

그녀의 분신이 너무 탐이나
서울로 떼어오기 위하여
백일홍 맨드라미 해바라기 작별인사는
영산강 바람이 가져갔다
내 마음도 덩달아 영산강다리에 걸쳐놓고
구리로 왔다

정원에서 쟁기질하는 모종삽
어린아이에게 허기진 배를 채워주었다
성숙해진 그녀의 몸은 살찌우고 떨리는
음색으로 준비 중이다

그녀는 나팔을 불기 위해
휘어진 허리로 고통을 참으며 기적을 울렸다
그래서 값진 함박웃음의 가을을 품어 안는다

추억

친구들과 초등학교 때 담임 선생님을 모시고
지장산에 올랐다
산계곡이라 선생님을 모시기는 조금 미흡한
장소이지만 옛 추억을 생각나게 하는 곳이다

흐르는 물소리가 우리를 반기고
검은 도포를 두른 바위는 바람을 막아주니
좋은 하루를 보내고 집으로 오는 길에 오랜만에
여우방골 고갯길을 넘었다

어릴 적 항상 오르내렸던 그길 콧등에
땀방울이 맺혔던 그곳 아버지 생각이 났다
겨울에 눈을 쓸어주시던 아버지
크게 아버지를 불러본다

지금은 하늘에 계신 아버지를 부르니
메아리가 바위에 부딪쳐 내 가슴에 꽂힌다
어느덧 내가 아버지 모습이 되어 글을 쓰고 있다

매미의 이산가족

아침부터 안개가 낀 주변이 뿌옇고
푹푹 찌는 아침이다
초복 우체국에서 엽서가 날아와
가슴이 콩닥콩닥 뛰는 가슴 주체할 수가 없다
엽서의 내용은 그분의 딸들이 온다는 소식에
나는 좀 걱정스럽다

그리고 이튿날 오전에 우리 집에 노크를 하며
나를 찾았다
그리고 딸들이 하는 말 부모님이 구리로
갔다는 소식을 알고 왔다고 떼를 쓴다
그리고 딸들은 부모님을 부둥켜안을 수
없는 흩어짐에 보고파 눈가에 여름비가 내린다

그래서 나는 말복이 지나서 가셨다고 했더니
가는 해를 전송할 때 부모 잃은 슬픔에
목청이 터져라 울면서 기절했다

만남의 옥수역

　초가을의 파란하늘 새털구름 사진을 폰에 담아 띄어 보내며 차창밖에 풍경을 만끽하며 사촌언니들을 만나러 옥수역으로 갔다 전철에서 내려 계단을 내려오는 길 건너편에서 옥성이 춘자 언니가 손을 흔들고 있다

　그리고 식당으로 들어가 늦은 점심을 푸짐하게 먹거리로 대접받으며 이야기 봇 다리를 풀어 전화로 못다한 이야기를 했다 뚝배기에 된장찌개가 보글보글 끌어서 꿀맛 나게 먹었다 그때 춘자 언니가 우리 엄마는 가지볶음이 기가 막혀 음성이 떨리며 울먹였다

　또 옥성언니도 감자볶음 하면 우리 엄마지 입속에 오이지가 아삭거리며 달짝지근하다 초가을의 식탁에서 맴돌고 있는 감자 가지 반찬들의 흔적이 그리움을 맴돈다

배추의 일생

고추잠자리 기지개를 켜면
높고 푸른 하늘이 이슬을 먹으며 살찌겠다
그녀는 넓은 밭에서 밀짚모자를 벗고
빳빳이 고개를 들고 성장의 길을 갔다

그녀의 인생이 독특한 삶의
생을 마감해야 살아난다
다리를 잘리고 겉옷을 벗겨낸 그녀의 속살
흰 소금을 뿌려준다

그녀의 쭈그러진 피부와 볼품없는 몸
넓은 밭을 생각할 틈이 없다
절친 무 미나리 고추를 넣어
골고루 앙칼지게 구르면서 옷을 입혀준다

그녀들이 삭혀질 만큼
고향을 잊는 기억을 기다렸다

잔치국수

여덟 살 무렵의 봄날이었다
동네 빨강기와집 숙자언니가 시집가는 날이다
하얀 연기가 살구나무 울타리로 피어오르는 것을
나는 마당에 서서 물끄러미 쳐다보고 있었다

그때 어머니가 오라는 손짓을 하여
나와 검순이는 쫄랑쫄랑 내려갔다
마당에는 발 디딜 틈 없이 손님들이 꽉 들어차
막걸리에 국수 한 사발 씩 드시느라 시끌벅적했다

나는 뜰 안 나뭇단 위에 올라앉아
대접에 가득 담아준 국수를 후르륵 쩝쩝 먹고 있었다
그런데 검순이가 내 바지에 붙은 한가락 먹으려다
나뭇단이 기우뚱하며 땅 바닥으로 떨어졌다

그 맛있는 걸 조금 먹다 만 나는
젖은 바지를 부여잡고 어정어정 걸어 집으로 왔다
집에 돌아와 보니 검순이 이마에

굵직한 국수가 딱 붙어있었다
나는 그것마저 떼어먹었다

오늘 뷔페식당에서 잔치국수를 먹다가 나는
혼자 키득대고 웃고 말았다

땀 흘리는 나무

어제저녁 모두가 잠든 사이, 비가 살짝 뿌려 산에 가긴 참 좋은 날씨다 용마산의 야트막한 산자락에 소슬바람이 불어 상큼한 공기를 마시며 산에 올랐다

비둘기 딱따구리 까치 소리를 들으며 가쁜 숨소리를 내며 언덕배기에 올랐다 벌써 이마에 땀방울이 수수깡에 매달린 수수쌀 같이 땀이 흘렀다 앉아서 사람들을 쳐다보다 깜짝 놀라 옆을 보았다

사람들은 나무의 쭉쭉 뻗은 다리를 자꾸 짓밟으며 산을 오르고 있다 그리고 나무들이 사람들에 부딪치고 짓밟으며 등을 대고 탕탕 마구 때리며 괴롭혔다 그래서 소나무 아카시아 자작나무에 땀이 나는 줄을 나는 지금껏 몰랐다

그렇게 아파서 바람을 안고 서걱서걱 울고 있는 것을 지금껏 몰랐던 것이다

잡채 속의 사계

 어린 시절의 잡채는 할아버지 할머니 생신이나 결혼식이 있어야 얻어먹던 별미였다

 봄이면 분칠하여 얼굴이 뽀얀 양파의 그녀는 앙칼지게 몸부림치며 기가 죽었다 소나무같이 푸른 시금치를 살짝 데쳐서 보니 그녀의 치마색이 짙어졌다 햇살을 향해 힘줄이 불거진 당근을 달달 볶아 그녀가 붉게 타버린 단풍잎처럼 쏘아본다 표고버섯 소고기 넣어 골고루 섞어주니 고드름 같은 당면이 서로 어깨동무하며 얼싸안고 있다

 고소한 냄새를 풍기며 식탁 위로 올라온 당면 한 접시 도리깨침을 참키는 내 입술을 기다리고 있다

두 마리 토끼를 놓치다

토끼 한 마리는 중국 우한에서 왔다
그 토끼는 엽기 토끼다
얼마나 무서운지 모른다
언제 그 토끼가 뒷덜미를 물지 모른다
두 차례 토끼의 공격을 받고 나니
이젠 상상도 하기 싫다

모두들 토끼사냥을 갔다
토끼는 날마다 요리조리 피해 다니며 기쁨을 주는 것 같았다
아파트란 토끼집과 단독주택이란 토끼집
그리고 주상복합이란 토끼집에 토끼를 기르고 싶어서
모두들 토끼사냥에 혈안이 되어 있었다

코로나도 못 잡고 경제도 못 잡고
토끼는 모두 토꼈다
정부는 결국 두 마리 토끼를 모두 놓치고 말았다

무능한 뻐꾸기 아빠

남양주 야트막한 산에 나무들이
텃밭을 거미줄처럼 둘러싸여있다
높은 미루나무에 지어진 까치 비둘기 집이 있다
콩새는 대단히 뛰어난 건축전문가다
콩새 건축기사는 옥수수어머니의 집에
태풍이 몰아쳐도 부서지지 않는 집을 지었다
그리고 콩새네 집에 힘이 센 뻐꾹 아빠의
거센 바람이 불었다

젠장 나만 그러는 게 아니잖아
무능한 뻐꾹 아빠는 소리를 질렀다
뻐꾹 씨 왜 그렇게 눈을 부릅뜨고 날 봐도 소용없다
콩새가 호통을 쳤다
뻐꾹 아빠는 어둠이 내리기 전에
서둘러 제 둥지를 찾아서 갈 것이다

단짝친구 구슬이

어릴 적에는 마땅히 같이 놀 기구는 구슬
솔방울 머리핀 치기가 전부였다
하루는 구슬치기를 하려고
바가지 가득 솔방울을 따서 장독대에 숨겨놓았다

무심코 창문을 내다보았더니
옆집 병원이가 울타리 개구멍으로 들어오는 것이다
아침에 뒤뜰 장독대로 가보니
구슬이 솔방울 구슬이 반절이나 없어졌다
나는 복합비료 포대에 구슬 솔방울 넣어
털실로 묶어서 뒷문에 놓았다
밤이 되어 실 한가락 내 발목에 묶고
또 한가락은 동생발목에 묶고 잠이 들었다
간밤에 동생이 물 먹으로 가다 묶어놓은
실에 걸려 양푼에 물을 엎었다
나는 아무 말도 못하고
아침에 물이 떨어지는 이불을
낑낑 끌고 가 담장에 널었다

〈
나는 뒤뜰에서 달래를 캐다가
50년이 되어 구슬이의 친구를 만났다
어린꼬마 춘식이 모습이 거기 있었다

큰 주걱

교문동 중앙웨딩홀 부지 현장으로
여러 기사님들이 모이기 시작했다
걸음걸이가 느리지만 밥은 잘 푼다는
중장비포크레인 김 씨 아저씨가 들어왔다
밥을 많이 먹는다는 덤프트럭
뚱보 최 씨가 쌩하고 들어왔다
무거운 책임감을 지고 있는
공사현장의 박 소장이 두 눈을 부릅뜨고 달려왔다
김 아저씨는 손목 뼈마디가 튀어나온 고통을
내색 없이 참고 있었다
이마에 땀방울은 맺히고
상처입고 뒤엉켜진 김 씨의 한 세월이
저 큰 흙 주걱으로 의지가 되었으면 좋겠다

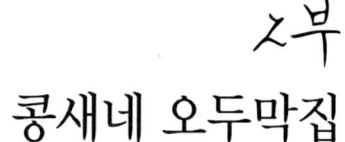

3부
콩새네 오두막집

까치가 물어간 이

아침부터 까치가 울어댄다
손님이 오려나, 아버지는 중얼거리셨다
나는 이가 아파서 엉엉 울고 있었다
친구들이 한 번씩 내 이를 흔들어본다
너 이빠리 뽑아야 해,
이구동성으로 손뼉을 쳤다

이리와 앉아, 아버지께서 의자를 당기며 나를 앉혔다
그리고 내 이빨에 실을 감아 묶는다
그럼 이제 안 아파?
걱정스런 모습으로 내가 물었다
그럼! 아무 일 없을 거라는 듯 아버지가 대답했다

친구들이 턱을 고이고 앉아 구경을 한다
나는 실에 이빨을 묶은 채 떨고 있다
그리고 입을 벌리고 아버지를 졸졸 따라다녔다
아이들도 같이 마당을 돌았다
그때 정희가 소리쳤다
실이 없어!

이빨은 지붕 위로 날아갔다

입을 꼭 다물고 다녀, 붕어가 놀려!
아버지가 말했다
앞이 빠진 갈가지 도랑건너 뛰지 마라
붕어새끼 놀란다
앞니 빠진 나는 친구들의 놀림을 받아야 했다

지금도 나무 위에 앉아있는 까치를 보면
어릴 적 이빨 빼던 생각이 난다

그래도 돼지

우리 집은 돼지를 키운다
명순네도 돼지를 키운다

우리 돼지가 명순네 돼지보다 더 크다
그런데 명순이는 자기네 돼지가 더 크다고 한다

그러면 안 되는 줄 모르고
우리 돼지와 명순이네 돼지의 키를 재기로 했다

결박을 풀어주자 돼지들은 키를 잴 새도 없이
미숙이네 호박 감자 옥수수를 모두 다 짓밟아버렸다

할머니는 다시 모종을 사다 땀을 줄줄 흘리면서
미숙이네 밭에 심어주셨다

동네 산악회 시무식 고사지내는 날
웃는 듯한 돼지를 보니 명순이 미숙이 생각이 난다

금수정에 가다

긴 담을 끼고 외딴길을 걸어
금수정 양지쪽에 앉았다

금수정을 안고 있는 개나리 진달래 벚꽃
덩실덩실 어깨춤을 추며 웃는다

영평천은 어린아이처럼 콧방울을 불며
엄마의 품인 양 금수정으로 흘러든다

너럭바위가 젖을 물린 듯
바닥에 누워 금수정을 안고 있다

정자 지붕 위에 까치 까마귀 참새 사이좋게 앉아
옷자락을 흔들며 반갑다 웃는다

정자에 앉아 글 읽는 선비의 모습이 아련한데
새들은 적서서얼 따지지 않고 함께 글을 읽고 있다

봄이라는 너

주말 오후였다
거리에는 마스크를 작용한 사람들이 호숫가에서
거리두기를 하며 산책을 하고 있다
바람에 서러운 냉기만 가득 찼던
장자호수 둘레 길이다

나도 봄이라 하니 바람에 끌려 너라는
꽃길에 서 있다
그리고 살금살금 한 발자국씩 향해
봄들이 오르고 있다

나는 너를 만나면 번개 맞듯 깜짝 놀라는
사태가 벌어진대도 너는 나를 보고 활짝 웃는다
그리고 나는 너에게 예쁜 계집애라고 부르고 싶다

긴 치맛자락을 끌고 해가 산을 넘어갈 때
너무 그립다

우비와 옥수수

장마철이 시작되는 여름방학이었다
비가 와 우산을 쓰고 밖으로 나갔더니
얄미운 바람이 파란우산을 낚아채버렸다

그리고 뼈대만 있는 우산을 들고 집으로 들어갔더니
어머니께서 우산을 쓰지 말라고 호통을 치셨다
그때 할머니께서 이리와 하시며
복합비료포대로 몸을 만들고
우산의 파란비닐은 팔과 모자를 달아 우비를 만들어 주셨다

또 빗방울이 떨어지자
난 곧장 우비를 입고 밖으로 뛰어나갔다
우비에 떨어지는 빗방울소리는 요란했다

지금도 옷을 몇 겹씩 입고 비를 맞고 선 옥수수를 보니
두꺼운 우비를 입고 땀을 삐질삐질 흘리던 생각이 난다

수제비 생각

햇볕이 쨍쨍 쪼이는 한낮 창 앞에
매미는 목청을 높이며 울어대고

들에서 일하시는 어머님을 위해
점심을 하기로 마음을 먹었다

광문 열고 밀가루 큰 양푼 푹 퍼서
물을 넣어 수제비 반죽을 했다

화덕 양은솥에 호박 감자 부추 넣어
땀 눈물범벅으로 불을 때 수제비를 끓였다

반죽이 너무 질어 풀도 아니고 죽도 아니고
누가 볼까 뒤뜰 배나무 밑을 파서 수제비를 묻었다

그런데 간밤에 비가 너무 많이 와
온통 수제비 세상이 되어버렸다

지금도 뒤뜰 배나무만 보면
수제비가 생각이 난다

나무들의 옷차림

아침에 처음 보는 이에게 건넨 말
날씨 참 좋죠
햇볕이 쪼이는 경복궁 뜰 안에는
벌써부터 북적대는 수많은 사람들
옷차림도 단풍 같다

나무들은 언제부터인가
입고 벗는 때를 거부하지 않는다
단풍나무 화살촉나무 은행나무
서서히 옷을 벗은 나무들의
견디는 모습이 보인다

그래서 사철 푸른 소나무를
부러워하나 보다
옷을 벗지 않아도 되니까

1일 천하

약속시간에 너무 늦지는 않았겠지 하면서
경복궁 안으로 들어갔다
낯빛과 체온과 감정이 파도친다

얼굴이 까만 임금님이 뛰어가신다
그리고 노랑머리 임금님이 뛰어가신다

파란 눈을 가진 백인 임금님이
셀카봉을 들고 포즈를 취하느라 정신이 없다

인종차별이 없는 임금님께서
얼마나 뛰어다니시는지
이마에 땀이 송글송글 맺히네

도대체 어떤 주상을 따라야 할지 모르겠다
하얀 쌀밥 광고하시는
여주의 임금님이 생각났다

은행나무

가을아침 제법 선선하다
차창 넘어 산들거리는 나뭇잎도
휴가를 다녀왔는지 활기찬 얼굴이다
논둑길을 걸으니 산 골짝이의 바람이
나뭇잎 손을 잡고 얼굴에 땀을 닦아 준다
어느덧 할머니가 우리를 보고 있는 마음이 느껴지는
할머니의 냄새가 났다

가까이 갈수록 구린내가 내 코를 벌렁거리게 하는
청국장을 띄우는 할머니의 냄새다
논둑길옆 수양버드나무 머리카락이
바람에 휘날리며 춤을 추고 있다
그리고 바람에 노란 웃음을 지어가며
바닥으로 떨어지며 그리움을 재촉한다

절규하는 나뭇잎

초겨울 산에 오르니
형형색색 물들었던 단풍잎들도
쌀쌀한 바람결에 소리 없이
한 잎 두 잎 떨어진다

푸른 룸을 뽐내던 날도
낙엽되어 아름답게 떠나간다
노래하며 춤추는 무회 같이
절규하는 나뭇잎들

무대 위의 마지막 공연을 보듯이
그래도 서운한 마음
가슴 졸이며 사라져가는
나뭇잎들 바라보니

우리에 인생도 깊은 마음으로
눈을 비벼본다

분꽃

미소가 매혹적인 그녀
줄무늬 옷이 잘 어울리는 그녀

담장 밖으로 얼굴 내민 목이 긴 여인
고개 들어 밖을 바라보는 모습

오가는 행인들과 눈인사를 한다
저녁 때 다시 올게요

짧은 인사를 남기는 애틋한
목소리가 떨린다

칡넝쿨 사랑

봄이면 젊은 혈기에
하늘이 높은지 땅이 넓은지
키 큰 전봇대 불빛에 반하여
그저 좋아 사랑을 했다

때로는 끌어안고 그것도 모자라
얼키설키 감으며 지독한 사랑을 했다
그 사랑도 질투의 화신으로
서서히 말라 갈 것이다

넝쿨강낭콩의 심술

기름진 땅에 콩을 심으면 열흘쯤이면
눈을 뜨고 세상 밖으로 나오다
그녀들은 연두색치마를 입으면서
버릇없이 함부로 팔을 꼬아가며 남에게 시비를 건다
그녀의 바람 부는 날에 치맛자락을 쳐올리고
남의 머릿결 헝클어 놓으며 돌아다닌다
그녀의 자존심은 팽개치고 갈수록 청방지축이며
하루하루 폭탄과 같다
손모가지를 함부로 놀려서 마구 꼬집어 뜯는다

그러나 심술부려 몸살을 앓던 시절이 있지만
형제들에 우애는 정말 돈독하다

콩새네 오두막집

정각사 골짜기 산도 입이 마르는지
바삭바삭 바람 부서지는 소리가 난다
나도 바삭바삭 마는 입으로
거센 숨 몰아쉬며 용마산에 오른다
오솔길 가 철지난 콩새네 오두막집 한 채
주인은 어디가고 차가운 공기만 휑하다
따뜻한 봄이 오고 녹색으로 숲이 우거지면
콩새 식구들도 텅 빈 집으로 돌아오겠지
아이들 떠난 집 우리 집도
콩새네 식구들처럼 북적대는 그날이 왔으면

포도잼

포도 같은 사람을 만나고 싶다
얼굴에 땀이 맺혀도
언제나 스스럼없이 닦아주는 사람
벌레에게 물릴까봐
자기 모자를 벗어 씌워 주는 사람
서로 모여 부대끼며 살면서도
새콤한 웃음을 웃어주는 사람을 만나고 싶다
볼 딱지가 포도송이처럼 예쁘다고 만져주는
그런 사람을 만나고 싶다
송알송알 모여 한평생 살고 싶다

* 김순진 시인의 「깻잎 반찬」을 패러디하다

우리 동네 장자호수

빌딩숲의 오솔길을 따라 내려가면
장자호수가 나온다
나는 봄바람을 만지듯이 길을 걸었다
어제 내린 빗방울 하나에
산수유 개나리 키 작은 민들레
빵끗이 웃는다
호숫가에 사는 오리네 식구들
무릎 위에 얼굴을 파묻고
물장난이 한창이다
수양버드나무 머리카락이
바람에 휘날린다
호수는 오리엄마의 마음같이 잔잔하다
나도 산수유 개나리 꽃 냄새를
맡으며 발걸음을 재촉한다

산소와 진달래꽃

용마산을 오른다
중턱 쯤 오르자 둥근 모자를 쓴 이들
옹기종기 모여서 회의 중이었다
동장군과 힘겨루기라도 하듯이
그들의 어깨가 용맹스럽다

용마산에 사는 그녀들은
남쪽나라에서 불어오는 바람을 반겼다
모자를 쓴 채 겨우내 미동도 없던 사람들
그녀를 따라 산으로 내려가고 싶은지
들썩들썩하다

내 마음의 한파주의보

- 랩풍으로

찬바람을 맞으며 찬바람을 맞으며
오랜만에 망우산에 올랐어
하늘은 하늘은 뿌옇게 눈이 내릴 기세로 기세로
무척 무척 무척이나 화가 나 있었어
드디어 참았던 눈이 바람에 부딪치고 있어
나무에 부딪치고 내 몸에 부딪치며
땅으로 떨어지며 쌓였어
내 마음은 새하얗게 얼어버렸는데
내 마음을 철석같이 믿었는데
땅으로 떨어지며 쌓였어 쌓였어
교문동은 초비상이 걸렸지 교문동은 비상이 걸렸대두
시청직원 상가주민 아파트 경비원 할 것 없이
흰 마법의 가루를 뿌렸지 시작했어
여기도 뿌리고 저기도 뿌리고 마구마구 뿌렸어
나뭇가지 위에 붙어있는 때 차 지붕 위에 붙어있는 때
내 머리 위에 붙어있는 때 내 마음에 붙어있는 때
악착같이 붙어 있으려고 온힘을 쓰고 있었지

치료 받는 참나무

용마산 골짜기가
빈 골목처럼 서 있는 오후다
사람들은 마스크를 쓰고 참나무 아카시아
소나무 영접을 받으며 산을 오르고 있다
그런데 참나무 형제들이 나무 병에 감염되어
두 다리에 칭칭 붕대를 감고 있다
형제들 몸에서 시큼한 악취 냄새가 나면서
나방이 많이 몰려들고 있다
비가 오는 날이면 젖은 발목으로 스며오는
시큼한 식초 냄새가 물씬 났다

수술 받고 한 달 지나
예전처럼 괜찮아져야한다는데 심장이 뛴다
드디어 참나무 형제들이
천천히 필사적으로 물을 빨아들이고 있다

느티나무의 일생

영산강이 멀리보이는 밭두렁에
키 작은 느티나무 소녀
옷을 세 벌 갈아입으며 살았다
봄이면 짚세기 신발을 신고 쟁기로 밭을 갈고
할아버지의 새참을 얻어먹으며
때로는 부채질도 해드렸다
홍수가 나면 들판이 물바다로 변하는 참상도 보고
마을이 물에 잠긴 모습을 보며
해를 넘기며 살았다
그리고 이제 애수에 영산강 주변이 변화는
모습을 지켜본 그 소녀
조선시대부터 현대사를 관통하며 살았다
고속도로가 연결되고 초가집 보릿고개가
전설 속의 이야기로 사라졌다
수백 년을 동고동락한 친구들의 구멍 난 몸은
멋진 가구로 다시 태어날 것이다

3부
왕방산 치과의사

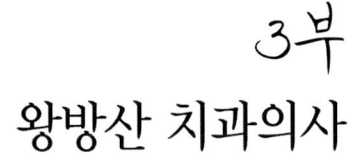

참외엄마의 마음

가랑비가 촉촉이 내리는 늦은 봄의 아침이다
남양주 텃밭에 오이 가지 참외 모종을 사다 심었다
여름내 내리쬐는 뙤약볕 아래 그녀는
빈혈을 견디고 있다

방긋방긋 웃는 아이가
어느덧 둥글넓적한 아줌마 모습이다
여인의 분내 향기 풍기는 그녀
이별을 알리는 비는 밤새워 속절없이 내린다
먼 길 떠나는 자녀들의 모습에
삶의 탯줄을 잡아당긴다
탯줄로 당겨진 어머니 너그러운 웃음에서
그녀의 노오란 낙천적 성품이 묻어나온다

여름휴가 때 늦은 밤 그녀를 보니
어머니의 이마에 주름이 생각난다

왕방산 치과의사

가양리 실개천 돌다리를 사방치기 하듯 건너
굽이굽이 무럭고개를 넘어 왕방산 중턱을 오른다
목이 짧은 제비꽃 나를 반긴다
하늘엔 매가 바람개비처럼 돌고 있다
골짜기엔 버들강아지 솜털이 뽀송뽀송하다
청솔가지 위에 빨간 모자를 쓰고
노란줄무늬 조끼를 입은 딱따구리 한 마리
분주하게 옮겨 다니며 딱 딱 딱
소나무 산수유나무에 붙어 쪼아대는 모습이
영락없이 치과선생님이다

왕방산 주치의 딱따구리 치과선생님
그가 왕방산 한 바퀴 왕진을 돌면
잣나무도 참나무도 자작나무도
아이들처럼 윙윙윙 운다

왕숙천 둘레길에서

우뚝 솟은 아차산 용마산이 서로를 얼싸안고
맑게 흐르는 개천을 따라 하류로 내려가면
왕숙천이 조팝꽃 연산홍 라일락을 피운다

산과 꽃과 물이 서로를 보듬는데
구리타워 옆 성난 사자처럼 질주하는 차량들
석양은 와인 빛으로 내 가슴에 흐른다

이성계가 주무시고 갔다는 곳은 어디일까
이젠 모두가 왕보다 잘 살고 있으니
왕숙천 가 사람들은 모두가 다 왕이다

개똥쑥의 방귀

우리 집 뜰 안에는 개똥쑥 망초대 바랭이 등
풀들이 모여서 산다

풀냄새가 물큰 나 향수보다 좋은 향기가
내 코를 스치곤 한다

개똥쑥을 조금이라도 만지려 하면
얼마나 방귀를 빅빅빅 뿜어대는지

모기 파리 벌들이 진저리를 치면서
멀리 멀리 도망을 치느냐고 정신이 없다

개똥쑥의 방귀를 따라
모기 파리 벌들이 울타리를 넘는다

개암나무의 백일

발걸음을 재촉하며 용마산에 오른다
약수터엔 백일을 맞이한 개암 사촌들
도토리 상수리 삼총사 나와서 반겨준다

연두색 레이스가 달린 모자 눌러 쓰고
양볼딱지 젖살이 통통하게 올라와서
뽀오얀 분내음이 나는 오동통한 얼굴이다

잘 참지만 한번만 울음이 터지면
호랑이도 무서워 도망을 친다 하는
전설 속 웃는 모습은 천년의 미소다

우렁이의 꿈

나는 아무리 힘들어도 피부를 위해서
머드팩은 열성으로 바르고 산다
윤기 자르르 흐르는 탱글탱글한 피부
진선미가 부러워하는 나에 피부
이놈에 피부에 인기는 하늘을 찌르는데
피부보다 내 몸매는 더 죽인다
머드팩도 그만하고 반짝이는
호수에서 선탠을 하고 싶다

소나무 축제

온통 세상은 축제 열풍이다
미국에서 미송이 배를 타고 출전한다
뉴질랜드에서 뉴송이 배를 타고 출전한다
남산에서 육송이 끈끈한 진이 나와 진을 바라보며 출전한다
러시아 소송이 말도 안 돼 라면서 법원에 소장을 낸다

판결문이 축제 장소에 도착을 했다
뒤늦게 영월에서 금강송이 출전한다
뭐니뭐니해도 금강송이 진이 된다는 소식이다
그래서 소송이 울면서 제재소로 들어갔다

솔방울의 분가

경복궁 경회루 뒤 켠
망루에서 경비를 보던 방울이가 뛰어내렸다
첫째 둘째 셋째 넷째 다섯째
모두들 한꺼번에 뛰어내렸다
드디어 형제들은 모두
부모를 뒤로 하고 분가를 결심했다

약수터에서 세수를 하고 물을 마셨다
하품이 나고 잠이 온다
춘곤증이 있나 보다
누가 업어 가도 모를 정도로 잘 잔다
식구들은 일어나서 서로 얼굴을
쳐다보며 활짝 웃는다

지금 막내는 904호에서 살고 있다

벼락바위

좁은 산길을 따라 한참을 올라갔다
산 중턱의 버들강아지는 눈을 뜰 생각이 없다
청솔나무 위에 까마귀 매 산비둘기
소리 없이 빙빙 돈다

능선을 따라 정상에 올랐다
하얀 목화솜 같이 쌓여있는 눈은 따뜻한 이불 같다
구름도 자고 갈 만큼
도포를 두른 거대한 바위다

잡신들이 싸우는 소리가 너무 커
비바람이 천지개벽을 쳤다
그래서 초하루면 무속인들 빌곤 했는데
지금은 촛불만 울고 있다

박새네 집

반가운 목소리가 귓가에 들렸다
우리 사무실에 참 특별한 손님이다
무작정 와서 공짜로 살고 있다
나는 따져 물었다
그랬더니 자기네 마음대로 한단다
지붕 밑에서 방을 꾸미고 분주하다
아무리 생각해도 신혼살림을 차렸나 보다
한 달이 지났다
박새는 새끼를 낳았다
빗줄기 같은 기쁨이 내리고 있었다

여보야 박새가 새끼를 낳았어요
남편과 사다리를 놓고 올라가
꼬물대는 새 생명을 보면서
여보 눈 뜨려다 우리 보고 놀랄까 걱정이야
얼른 피해갑시다

그리고 이주일 후 박새네 가족은
마당에서 서성거리다 새끼들을 데리고 이사를 갔다

땅콩을 심다

조팝꽃 라일락 찔레꽃이 소란스럽게 흔들어대는 오월
남편과 텃밭에 땅콩을 심어놓았더니
바람 이슬비가 돌보며 살찌게 했다

여름내 지겹도록 내리던 비에 젖은
그녀의 몸은 더욱 무기력해졌다
그녀의 얼굴에 바람이 휘감고
가슴팍 언저리 파르르 떨고 있다

진통을 느끼는 그녀에게 호미로 조심스레 북을 주었다
하얀 버선에 오뚝한 코
똘똘한 아이들이 내 마음을 흔들어놓는다

집으로 돌아오는 길
바람이 피곤함을 가져가버렸다
밤새 이슬이 흩어져 내리겠지

바람 부는 날

담장 밑에는 앵두네와 자두네
그리고 살구네가 옹기종기 모여산다
여름방학 무렵이면 한껏 멋을 낸 그녀들이
각자에 옷을 입고 어린아이들을 기다린다

간밤에 바람 불고 비가 왔다
아버지는 늘 하시는 대로 춘식아 일어나라 부르신다
그러면 눈을 비비고 밖으로 나갔다
여기저기 외출 나온 그녀들로 아우성이다

아파트 현관 앞에서 푸대접 받거나
슈퍼에서나 만날 수 있는 그녀들이 안타깝다

붕어빵

하늘이 우중충하다
금세 한바탕 눈이라도 뿌릴 듯하다
이맘때쯤이면 아파트후문에 붙박이처럼
붕어빵을 굽는 아저씨가 자리한다
리어카 위 붕어빵 틀을 뒤집으며
튜브로 붕어를 길러내고
심장과 내장을 팥으로 가득 채운다
후끈 달아오른 빵틀에서 꺼내져
나란히 헤엄치고 있는 붕어들
조금씩 흩날리는 눈발 사이로
바삭거리는 지느러미가
눈 내리는 하늘을 유영하고 있다
구수한 팥 비린내가 발길을 돌려세운다

운조루에서

서울역에서 나를 태운 버스는 엉덩이를 흔들더니
다섯 시간 만에 구례에 도착했다

매화 산수유의 영접을 받으며
죽림마을 강화노씨 집성촌마을에 들렸다

고택에 들어서니 옆 굴뚝 대청마루에
쌀 두 가마니 들어가는 운조루가 놓여있다

섬진강 기슭에서 쉴 사이 없이 불어오는 바람에
새까맣게 그을린 밥심의 얼굴이다

타인능해, 누구라도 열어 쌀을 가져가도 좋다는 그녀
오늘도 굶는 사람이 없기를 바라며 밥을 짓는다

처서 병원

처서도 이제 며칠이 지났다
아침저녁으로 가을의 날씨
낮에는 뙤약볕 무더운 날씨다

기온의 편차가 심한 구월의 초승이다
매일 오르내리던 집 앞
용마산을 터벅터벅 걷기 시작했다

20분쯤 산을 오르는데
매미가 뒷덜미를 잡고 내 앞에서 쓰러졌다
그녀는 과로에 그만 구급차에 실려
처서병원으로 실려 갔다

구름 낀 흐린 날엔
그녀가 내 곁에만 머물러주길 생각해본다

출근길

가로수들의 진녹색으로 물들어가고
달려가는 차들의 바람몰이 가로수 휘청거리고 있다

출근길 만원버스 안에 숨 막히는 가슴
달래보면서 송글송글 땀방울 닦아본다

한정거장 두정거장 목적지까지 수많은 사람들
각자 가야할 곳으로 가고 있다

텅 비어있는 차에서 내려 타박타박
걸어 하루가 시작되는 길목에 서 있다

출근길 전쟁을 치르고 심호흡 가다듬고
행복한 하루되길 생각한다

호박의 설움

나에게는 절친 친구들이 둘이나 있다
수박친구는 얼굴의 둥글고
노란 밀짚모자가 아주 멋지게 잘 어울렸다
그리고 오이친구는 얼굴이 갸름하지만
노란 베레모만 쓰는 고집불통 친구다

그래도 나는 얼굴이 갸름한 편이지만
노란 큰 별모양 모자가 제일 잘 어울렸다
그런대 이웃사람들은 보기만하면 쑥덕거리고
흉을 봐서 도저히 참을 수가 없다
호박에다 줄그으면 수박 되나
호박꽃도 꽃이냐
비아냥대기 일쑤다

오이친구는 얼굴에 여드름이 많다
그런데도 그 친구의 칭찬을 밥 먹듯이 하는 바람에
혀가 깔깔할 지경이다
그래도 뭐니 해도 효도와 간식 별미는
호박이 제일이다

텃밭으로 온 콩새

어둠이 일어나지 않은 정적을 두드리는 울림에
텃밭은 촉촉이 봄비가 내렸다
앙상하게 옷 벗어버린 쓸쓸함을 보이더니
나무 위에 꼬리 흔들며 저 나무 사이로
소식을 알리고 있다

텃밭에는 강낭콩 호박 옥수수
여러 가족들이 모여살기로 했다
만삭이 된 그녀는 옥수수 어머니 집에
세 들어 몸을 풀었다
장맛비에 아이들이 걱정되어
옥수수 어머니는 팔로 빗방울을 막아주고
강낭콩은 치마로 덮어주었다
구름도 비로 쓸어 붙이고
어머니의 힘으로 빗줄기를 톱질하며
집과 자식을 지킬 것이다

연꽃 축제

문 밖 출입이 제한된 코로나19 생활 속
봉선사에 도착했다
햇살 한 줌이 가지에 걸린 채 연꽃을 쳐다보고 있다

제발 좀 천천히 가달라고 애걸하는 하루가
야속한 몸부림에 아프다
그녀의 뾰족 내민 입술
여름 뜨겁게 헐떡인 향기에 젖어든 것 같다
세조대왕을 그리는 저 느티나무도
연꽃처럼 정이 그립다

저 추녀 끝에 달려있는 풍경소리
권세는 부질없는 것임을 답하고 있다

4부
문정왕후가 되다

유년의 강을 건너다

고무다라 화분에 채송화 천일홍이 피었다

햇볕이 쨍쨍 쪼이는 한낮
더위를 못 견뎌 동무들과 냇가로 뛰어 갔다
다들 물장구치고 물고기 잡고 신나게 노는데
나만 물에 못 들어갔다
친구들 신발을 해바라기 밑에 숨기고
살금살금 발소리를 죽이며 집으로 왔다

할머니께서 툇마루에 엎어놓은 고무다라로
수영 못하는 나를 위해 배를 만드셨다
양쪽에 구멍을 뚫고 군인 전화줄을 몇 가닥 묶어
손잡이를 만든 고무다라를 끌고 냇가로 달렸다
나는 타고 두 명은 끌고 신나게 놀았다
덩치 큰 내가 탄 고무다라는 균열이 커지고
두 동강으로 갈라져 다시 몰래 툇마루에 갖다 놓았다
나는 혼날까봐 담장 밑에서 쪼그리고 앉아있는데
할머니께서 괜찮아 꿰매서 바구니로 쓰면 돼 하셨다

<
지금은 꽃밭이 되어버린 고무다라를 보니
유년의 강을 건너는 배를 만들어주신 할머니가 그립다

아버지 이발하는 날

처서가 신호를 보내면
마음은 벌써 들뜬 초가을이다
지루하던 긴 장마에 구름이 해님 뒤로 살짝 숨은 사이
하심곡 가양산 중턱에 올랐다
이산저산 윙윙 신바람 내며
예초기 돌아가는 소리에
어느새 아버지 봉분이 짧은 스포츠머리로
젊은 아버지의 모습이 그려진다

내려오는 길 방죽 물그림자 위에
아버지 얼굴을 띠워보았다
갈대는 바람에 바스락거리며
나를 붙잡는 것 같다

반월산성 둘레길

반월산성 둘레길을 걷는다
산의 생김새가 반달 같아 붙여진 반월산
그곳에 삼국시대 때 쌓은 성이 있다
바람은 허공에 길을 걷고
나는 역사의 길을 걷고 있다
성을 쌓던 백제의 늙은 병사 머리의 은발처럼
산성 위에 눈이 살짝 내렸다
백제로부터 통일신라 고려를 이어 조선에 이르기까지
포천의 역사를 안고도 말이 없는 저 산성
까치부부는 청동기시대의 유물을 끌어안고 선
오백년 묶은 고목나무를 보수하는 중이다

차곡차곡 내공이 쌓인 돌담길 내려오니
산중턱에 우물이 꽁꽁 얼었다
첫닭이 울기를 기다리며 지벅지벅 무쇠 솥에
세숫물을 설설 끓이시던 아버지가 거기 서 계신다

문정왕후가 되다

이른 새벽부터 준비하여
공항버스를 타고 제주도로 향했다
하늘에서 보는 땅은
노란금빛 헛꿈들이 춤을 추고 있다
바람에 쏠리듯 밀려드는 관광객
이렇게 더운데 밖에서 줄을 서고 있다

드디어 '여인천하' 촬영지에 도착하여
나도 긴 줄을 섰다
조선왕조 오백 년의 문정왕후가 되고 싶어
왕비 옷 입었다
화관무머리 가체 옥비녀
왕비머리를 하고 싶었다
문정왕후가 되고 싶어
삼만 원으로 헛된 꿈이 부풀어 올랐다

그런데 남편이 '여보 빨리 와요'하면서
내 손을 잡아당겼다

나는 왕비의상을 차려입고 있다가
낮잠에서 깨어났다

수박을 찾아서

열한 살 무렵의
무더운 오후였다

아버지는 밭에 갔다 오시더니
수박이 작은 공만 하다고 한다

나는 동생하고 수박밭으로 가서
그 너른 밭을 헤매고 다녀다

온몸은 땀으로 뒤범벅이 되었다
발은 뒤엉켜 고무신은 찢어졌다

꼴지게를 내려놓으며 냄비만큼 커졌어요
아버지의 말씀에 또 막대기를 들고 갔다

다 자란 수박을 찾느라
얼굴이 홍당무가 되어 돌아왔다

그날 밤에 더위를 먹어 끙끙 앓았다
며칠 있다 아버지가 삼태기에 따오셨다

그래서 어릴 적에 고생을 해서
지금도 수박을 먹지 않는다

귀걸이를 고르다

4월의 큰문을 소리 내어 열었다
우리 곁에 큰 선물로 온 며느리에게
선물을 뭘 할까 밤잠을 설쳤다
우거진 오솔길을 나 홀로 걸으며
숲과 어우러져 콧노래도 불렀다
얼마나 걸었는지 참나무 소나무 단풍나무
햇살 쏟아지는 소리에 깜짝 놀랐다
참 사장님의 가게 귀걸이는
신라시대에 엄청 유행되었던 귀걸이모형
신라시대 장신구를 변형시켜
도금을 입힌 것 같은 괜찮은 주얼리 디자인이다
화려하게 매달린 작은 물방울무늬
바람이 불면 더욱 찰랑거릴 것이다
참 사장님의 섬세한 솜씨에
나는 단골이 되기로 했다

오월의 평화

 삼각지 모퉁이를 돌아 전쟁기념관 거대한 바위 앞에 섰다 녹색 옷이 잘 어울리는 젊은이들의 열정, 가족들은 병사들의 옷자락을 부여잡고 발버둥치면서 앞을 가로막고 통곡하는 소리가 들린다

 분수대에서 퍼져 나오는 물줄기는 젊은이들의 열정하고 똑같다 지난날 아버지 생각이 문득 났다 녹색 숲이 울창한 가양리 산자락…

 북한군에게 워커발로 가슴을 맞고 무릎을 꿇은 아버지! 눈을 가리고 끌려가던 중 구사일생으로 살아나신 아버지와 분수대에서 퍼져 나오는 물줄기하고 젊은 열정은 똑같다 오늘도 아버지가 너무 그립다

허수아비

포천집 앞 이장집 논
아들 허수를 외지로 보낸 허씨가
눈을 부릅뜨고 참새 떼와 힘겨루기를 하고 있다
말뚝 박아 사방으로 묶어놓은 줄이
바람이 불때마다 반짝거리며 빛을 반사한다
여름 전투에서 다리 하나를 잃고
다리 하나에 몸을 지탱하는 그
흥에 겨워 쪼아대는 참새 떼를 물리치기란
그에겐 너무나 힘든 일이었다
풍년을 책임져야 하는 삶의 무게가 어깨를 짓눌려도
참새 떼와 타협하진 않았다
이제 꿈을 꾸기엔 늙어버린 나이
무서리 같이 푸른 달이
허씨의 밀짚모자에 내려앉는다

옥수수 밭에서

옥수수 밭을 지나다
문득 어머니가 떠오른다

어머니는 파란저고리를 입고 시집와서
우리 오남매를 업어 키우셨다
가냘픈 몸매에 어디서 그런 힘이 나왔을까
비가 오면 우비를 입고 우리를 업어 키우시고
그것도 모자라 조카들까지 업어서 키우셨다
비바람이 뺨을 후려치고 지나가도
묵묵히 자식 손주를 위해 등을 내주셨다
옥수수 밭만 지나가도 어머니가 그립다

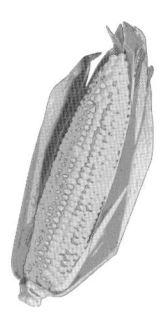

버드나무 함지박

논두렁 밭두렁 위에서
머리카락 바람에 날리며 그늘을 만들던 그
푸름을 뿜내던 그는
겨우내 어두운 광 속에 살고 있었다
그러던 어느 날 어디선가 훈풍이 불어온다
그의 어깨가 들썩거린다

고추장 열무김치 잔뜩 싸들고
어머니 아버지 김매시는 콩밭두렁에 나왔다

버드나무의 푸른 기억을 가슴에 새긴
메주콩들이 키 재기 한다

고마운 쥐

우리 집은 닭장 옆에 텃밭이 있다
주렁주렁 달린 가지 고추 토마토
머리가 무거워 고개를 숙이고 있다

춘식이 순자 명순이
우리는 가지를 따먹기로 했다
세 명의 아이들은 텃밭에 누워서
가지를 따먹었다

가지를 다 먹지 않고 반씩만 먹었다
밭에서 일하다 돌아오신 아버지 말씀
어, 우리 집 가지를 쥐가 갉아먹었네

우리는 죄를 뒤집어써준 쥐가 고마웠다
지금도 가지만 보면 어릴 적 생각이 난다

썰매 타는 닭

우리 동네는 집집마다 닭을 키웠다
이장 집 아저씨네 장닭이 제일 무섭다
아이들만 보면 뛰어와 부리로 쪼아댄다
어떤 때는 손등에서 피도 나고
엉덩이가 빵처럼 부풀어 오르면 울고 또 울곤 했다

그래서 나 명자 옥성이는 빨강 옷을 입고
막대기를 들고 개선장군 시늉을 하며 얼음판으로 달려갔다

어머나 장닭이 거침없이 아이들을 쫓아 얼음판으로 달려간다
우리는 엄마야 하면서 소리를 질렀다
영이네 강아지도 쏜살같이 달려왔다

그런데 장닭이 얼음판 위에서
쭉 쭉 쭉 미끄러지며 썰매를 타고 있다
동네 아이들이 함께 손뼉을 쳤다

〈
지금도 논에 얼음이 얼면
장닭이 썰매를 타던 생각에 웃음이 먼저 나온다

안방에 부는 태풍

오랜만에 밤을 구워 먹는다
열 살 쯤의 가을 어느 날 저녁때였다
여보, 저녁에 군불 때고 화롯불 좀 담아와요
어머니께서 말씀하셨다
나와 동생은 재빠르게 화롯불에 밤을 묻고
익어가기만 기다렸다

불속에 갇혀버린 밤은 픽픽하더니
잿가루가 솟구쳐 올랐다
나와 동생은 너무 무서워
무릎을 펼 줄 모르고 벽에 기대앉아 있었다
안방에 퍼진 잿가루는 태풍 속의 풍랑 같았다

잘 구워진 밤을 보니 어릴 적 안방을 뒤집어놓았던
군밤 생각이 난다

연시

시제 지내는 날이다
아침부터 날씨는 구물거리고 있다
비가 오면 제사를 안 지낼까봐 걱정이다
그걸 모르는 들판은 온몸으로 춤을 추고 있다
멀리 산중턱의 바람은 뿌리와 잎을 단속하느라 분주하다
나와 동생은 비구름 든 산 아래 논두렁의 샛길로 뛰었다
얼마나 뛰었는지 콧등에 땀방울이 맺힌다
그때 아버지께서 춘식아, 부르셨다
일몰의 지는 해 같은 연시감을 받아들고
동생을 부르다가 그만 감이 도랑창으로 굴러 떨어졌다
낙엽과 흙이 묻어 영락없이 수수팥단지다
지금도 연시만 보면 수수팥단지가 생각난다

북엇국

그가 북태평양에서 거센 파도의
따귀를 맞으며 찾아왔다
덕장에서 비바람을 맞으며
근육을 만들어 자랑하던 그였다

좋아서 한 잔
슬퍼서 한 잔
반갑다고 한 잔
고주망태가 된 나를 위해
쓰린 속을 풀어주던 그였다

비가 부슬부슬 내리는 저녁
캄차카 해안 거친 파도를 헤치던 기억이
식도를 타고 내려가며 뼈에 사무친다

몽고반점

바람이 가던 길을 멈추고
오리나무 가문비나무 참나무에게 온기를 넣고 있다
잠들었던 나무들은 터질 것 같은 싹망울이
부풀어 오르고 금방 양수가 터졌다
드디어 진통을 겪으며 눈을 뜨고 먼저
눈썹을 깜박이고 있다
오리나무의 신생아들
서로 얼굴을 쳐다보며 방실방실 웃는다
삼신할머니 어서 나가라고 등짝을 때리셨는지
신생아들은 모두 몽고반점이 생겼다
퍼런 얼룩점의 아이들이
어깨를 대고 천연덕스레 웃고 있다
먼발치에서 올려다보니 아이들은 캄캄한데도
뭐가 그리 재미있는지 연실 키득댄다
실한 꿈을 품고 무성히 꿈틀거리며
몽고반점을 지우며 어른으로 자라날 것이다

빈집

창밖에 비가 내렸다
내 마음도 비에 흠뻑 젖어든다
무작정 차를 몰고 미끄러지듯 달려나갔다
빗방울이 아스팔트 바닥에 추락해
목이 부러진 채 나뒹군다

왕방산중턱 산허리를 돌 때
눈물이 머물던 요양병원에 잠시 섰다
정이 사무쳐 울면서 되돌아와 집에 도착했다
대문 앞에서 엄마 하고 불러도 아무런 소리가 없다

한때는 도란거리며 까르륵대는 소리 들렸던 그 집
어머니 안 계신 빈집은
천연덕스레 잡초만 키우고 있었다

산 지하 펜션 가는 날

가양 실개천 따라올라 가면
야산 중턱에 지하 펜션이 있습니다
이곳으로 이사 오신 지는 삼 년이 되었습니다
가양리 실개천 흐르는 물결이
아버지 이마에 주름 같습니다

삶의 소용돌이에 지쳐도 쉴 곳도
비빌 언덕이 없다는 생각이 들면 이곳을 가는 곳입니다
지난날 당당하셨던 그 모습
세월이 주마등처럼 스쳐지나갑니다

지하 펜션을 내려와 발걸음을 멈추고
자꾸만 뒤를 돌아봄은
아버지 어머니 당신을 사랑하기 때문입니다

종강여행

아침부터 비가 토닥토닥하는 날
차는 바람몰이를 하면서 봉선사에 도착했다
반원들과 점심을 먹고
포천 전통술박물관에 도착했다

그리고 막걸리 포도주 소주 수많은 술을
골고루 한 잔씩 맛을 보았다
구불구불대는 지렁이 등을 타고
오색능선을 따라 내려오자니 포천전경이 아름다웠다

그리고 이동면 연곡리 도착을 하니 담장 옆 똘배
복숭아 수박친구들이 얼굴이 발그레하다
서울로 오는 길에 차를 세우고 길옆 옥수수를
사서 나눠 먹었다

어머니께서 옥수수를 쪄주시면
동생은 갔다 감추고 까마득히 잊어버려
곰팡이 났던 생각이 난다

왕 싸가지

지금 얼마나 무서운지 알아
우한에서 왔다고 협박했다

어떻게 나타날지 잘 모르지만
신경질 나게 열 받는 것밖에 모른다

내 이마를 뻐근하게 한다는 것밖에는
그래도 나한 태는 소용없다

내가 너를 이기는 방법은 마스크 잘 쓰고
손 깨끗이 씻으면 이긴다

왕방산 호랑나비

6월의 왕방산 무럭고개
구불구불 경사가 가파른 산길을 내려왔다
심곡리 깊이울 계곡에는 비비추 큰까치수염
씀바귀 여기저기 활짝 웃고 있다
왕방산호랑나비 그네는
광대처럼 춤추며 제 몸을 낮추고 있다

나와 친구들은 숨을 죽이고
춤추는 그대 뒤를 어느새 따르고 있었다
관중들이 마음을 따뜻하게 붙여주는
인연임을 새삼 느꼈다
나비는 이성계 왕이 벗어놓은 허물처럼 지나가고
햇살은 비처럼 쏟아졌다

경복궁의 복놀이

햇살을 튕기며 경복궁 2번 출구에
친구들을 기다리며 서성거렸다
카페에서는 향 짙은 커피냄새가
내 코를 벌렁거리게 했다
나와 친구들은 한옥삼계탕 집으로 들어가
복날을 즐겼다

밖에는 숨이 꽉꽉 막히며 바람 한쪽이
효자동 거리를 노릇노릇 구우고 있다
7월의 무더위나 장맛비를 아랑곳하지 않고
효자동을 달궜다
역시 삼복더위는 삼복더위다
경복궁도 머리가 벗겨지도록 더운 날씨를 느끼고 있다

작품해설

체험을 통한 다양한 해학 생산과
자연 관찰을 통한 자아발견

- 김 순 진 (문학평론가 · 고려대 평생교육원 교수)

작품해설

체험을 통한 다양한 해학 생산과 자연 관찰을 통한 자아발견

김 순 진(문학평론가 · 고려대 평생교육원 교수)

정춘식 시인은 필자와 동향, 같은 경기도 포천 사람이다. 나는 포천시 이동면 연곡리에서 자랐고, 그녀는 포천시 신북면 하심곡리에서 자랐다. 서로 조금 거리가 떨어져 있어 자랄 땐 만나지 못했지만 보릿고개가 한창이던 그 시절, 우리는 군부대가 많고 먹을 것과 땔감이 부족했으며, 돼지를 기르고, 가지를 따 먹는 등 너무나 유사한 추억을 많이 공유하고 있다.

금년에 환갑을 맞이하는 그녀와 나는 동연배이지만 스승과 제자로 만났다. 친구 사이에 한 사람은 교수가 되고 한 사람은 그 사람한테 배운다는 것이 아이러니 하기도 하다. 그렇지만 나는 세상에서 가장 아름다운 사이라고 말하고 싶다. 나는 어려서부터 시를 좋아해 시인이 되는 것이 꿈이었다. 초등학교 때부터 CA시간 때면 나는 언제나 문예부를 자원했고 고등학교 때까지 문예부와 서예부를 오갔던 것 같다. 그리고 결국 나는 문학을 전공하며 시인이 되어 내가 가고 싶은 길을 가게 되었다.

그러나 정춘식 시인의 길은 나와 매우 다를 수밖에 없었던 것 같다. 당시 만연한 봉건사상의 영향에 따라 여자는 공부를 많이 할 수 없었던 것이 어쩔 수 없는 사실이었으며, 더욱이 어린 정춘식은 병치레가 많아서 거의 학교에 다닐 수가 없었다고 한다. 그렇게 병치레로 유년 시절과 소녀 시절을 보내고 결혼해 자녀 낳아 기르는 동안 공부 같은 것은 꿈에도 꿀 수 없는 환경이었을 것 같다. 그런데 정춘식 시인에게는 정말 너무 너무 감사한 엄마 같은 존재의 큰언니 정길순 여사가 있다. 정길순 여사는 어떻게 알았는지 필자가 강의하는 고려대학교 평생교육원 시창작과정에 동생 정춘식 시인을 데리고 와 함께 입학을 했던 것이다. 큰언니 정길순 여사의 손을 잡고 고려대 평생교육원 시창작과정에 등록하기 전까지 정춘식 시인은 문학을 한 번도 해본 적이 없고, 문학에 대해 꿈꿔보지도 않았을 터, 나는 그녀에게서 지금과 같은 기적이 일어나리라고는 예상치 못했다. 이 자리를 빌어 정길순 여사님께 동생을 아름다운 시의 길로 인도해주심에 대하여 진심으로 감사하다는 인사를 올린다.

정춘식 시인은 지난 2019년 3월에 고려대 평생교육원에 입학해 이번 학기로 만 3년 차를 맞는다. 그리고 지난해 여름에 《스토리문학》으로 등단해 시인으로 대한민국 문단에 정식 이름을 올렸다. 정춘식 시인은 그동안 시와 무관하게 살아왔지만, 그가 가진 추억과 관찰력과 상상력과 따스한 마음은 그녀를 충분히 최고의 시인으로 탄생시켰다.

정춘식 시인의 시를 두 가지로 말한다면, 하나는 잊혀져가는 추억을 재구성한 판타지이고 또 다른 하나는 자연 관찰에 따라 순종하는 삶이라 할 수 있다. 따라서 그의 시를 한마디로 요약한다면 "체험을 통한 다양한 해학 생산과 자연 관찰을 통한 자아발견"이라 할 수 있겠다. 그러면 필자가 왜 정춘식 시인의 시를 극찬하는지 한 수 한 수 읽어보면서 그녀의 문학세계를 여행해 보자.

> 초록빛으로 물들여지는 칠월이다
> 하지병원으로부터 연락이 왔다
> 그래서 달려갔더니 명아주 쇠뜨기풀 어쩔 줄 몰라하고

산통이 온 감자가 산파를 기다리며 울고 있다
〈
머리카락은 산통으로 탈색되어 누렇게 변했고
끊임없이 연결된 탯줄에 배가 터 있다
뜨거운 태양빛을 아프도록 받아내고
이리저리 흔들리면서 순산을 꿈꿨다

하지병원의 감자 담당 전문의는 호미다
드디어 해산전문의인 그녀가 왔다
이리저리 배를 만지더니
형제들이 눈을 동그랗게 뜨고 탯줄이 잘렸다
응애 응애 응애

잿빛하늘 아래 푸른 숲속 하지병원
이 방 저 방에서 동시에 아기들의 울음소리가 들린다
여기저기 뽀얀 아이들이 태어났다
산파의 얼굴에 구슬땀이 맺힌다

- 「감자의 진통」 전문

   감자의 산통을 낫게 출산을 도울 수 있는 병원이 하지병원이라는 상상력이 놀라움을 금할 수 없다. 아프다고 소리치며 우는 감자의 산통을 바라보는 이웃들, 즉 명아주와 쇠뜨기풀의 '이를 어째, 어쩌면 좋아.'라며 안절부절하는 모습이 눈에 선하다. 감자를 캘 때가 되어 감자 싹이 누렇게 변했는데, 시인은 "머리카락은 산통으로 탈색되어 누렇게 변했고 / 끊임없이 연결된 탯줄에 배가 터 있다"고 말한다. 정말 대단한 관찰이자 상상이다. 하지병원에서 감자의 산파를 담당한 전문의는 호미다. 보통의 시인들은 '감자', 또는 '감자 캐는 날' 정도의 제목을 달고 어릴 적 감자캐던 추억을 떠올리기 일쑤다. 그런데 정춘식 시인은 감자를 캐는 과정을 하나의 의술행위로 바라보면서 출산의 과정과 감자를 캐는 과정을 일치시키면서 시를 오로지 병원에서의 출산하는 과정으로 써내려간다. 시를 좀 아는 시인의 글이다. 초심자들은 병원 이야기하다가 바다이야기를 하거나 놀이이야기를 해서 독자의 시선을 흐리는 반면, 정 시인은 그런 우를 범하지 않고 오직 산파의 역할을 충실히 해낸다. 그래서 이런 좋은 시집을 펴내는 산모가 되었나 보다. 나 역시 정춘식 시인의 시집 출산을 돕는 산파가 될 수 있어 너무나 행복하다.

여덟 살 무렵의 봄날이었다
동네 빨강기와집 숙자언니가 시집가는 날이다
하얀 연기가 살구나무 울타리로 피어오르는 것을

나는 마당에 서서 물끄러미 쳐다보고 있었다

그때 어머니가 오라는 손짓을 하여
나와 검순이는 쫄랑쫄랑 내려갔다
마당에는 발 디딜 틈 없이 손님들이 꽉 들어차
막걸리에 국수 한 사발 씩 드시느라 시끌벅적했다

나는 뜰안 나뭇단 위에 올라앉아
대접에 가득 담아준 국수를 후르륵 쩝쩝 먹고 있었다
그런데 검순이가 내 바지에 붙은 한가락 먹으려다
나뭇단이 기우뚱하며 땅 바닥으로 떨어졌다

그 맛있는 걸 조금 먹다 만 나는
젖은 바지를 부여잡고 어정어정 걸어 집으로 왔다
집에 돌아와 보니 검순이 이마에
굵직한 국수가 딱 붙어있었다
나는 그것마저 떼어먹었다

오늘 뷔페식당에서 잔치국수를 먹다가 나는
혼자 키득대고 웃고 말았다

- 「잔치국수」 전문

이 시를 읽자니 정춘식 시인처럼 나 역시 웃음이 터

져 나온다. 잔칫날 나뭇단에 올라앉아 잔치국수를 한 그릇 얻어먹으려다가 나뭇단이 기울어지는 바람에 쏟아서 먹지 못했을 때 어린 마음에 얼마나 속이 상하고 서운했을까? 돌아와 강아지 이마에 묻은 국수를 떼어먹는 아이를 바라보는 마음은 웃음보다는 아픔으로 다가온다. 국수는 우리 서민들에게 구황음식이었다. 6,7년대 가난했던 시절엔 하루에 한 번씩 국수를 끓여먹을 정도로 국수는 주식에 가까웠다. 동네 구멍가게에서 파는 것 중 국수는, 등잔불을 막아주는 호야와 빨래를 하기 위한 양잿물, 그리고 4홉들이나 됫병 소주 등과 함께 단연 대표적 진열상품이었다. 당시엔 유통기한을 표시하지 않은 채 국수를 팔아서 어떤 가게에 들어가면 진열대 위에 놓인 국수에 뽀얗게 먼지가 내려 앉아 있어, 노끈을 찢어 만든 총채로 툭툭 털어내 국수를 팔기도 했다. 우리 집도 점심 대면 의례처럼 국수털래기를 끓여먹었다. 신김치를 숭숭 썰어 넣고 물을 많이 잡은 채 끓인 국수털래기는 몇 그릇씩 먹어도 금방 허기가 지는 음식이었다. 가끔 개울에서 반두질로 물고기를 잡다 넣고 끓인 국수털래기는 단백질 섭취가 어려운 당시 사람들에게 최고의 별미였다. 대부분 아는 이야기지만 국수의 경상도 사투리인 국시에 관한 우스갯소리를 하나 소개한다. '국수와 국시의 차이'인데 "국수는 가게에서 팔고 국시는 접방에서 판다. 국수는 점원이 팔고 국시는 아주메가 판다. 국수는 밀가루로 만들었고 국시는 밀가리로 만들었다. 국수는 봉지에 담아주고 국시는 봉다리에 담아준다."는 우스갯소리인데 들어보면 그럴 듯한 말이기도 하다. 많은 시인들이 국수에 관한 시를 썼다. 나 역시 "여보게 날이 많이 추우이 / 저 시장통 노점 뚱뗑이 아줌마네 국수나 한 그릇 하러가세"라는 가사의 「국수나 한 그릇 하러가세」라는 시를 썼는데 후에 합창곡의 노랫말이 되어 합창단 사이에서 크게 히트했다. 이상국의 「국수가 먹고 싶다」, 이재무의 「국수」, 박후기의 「국수」, 유종인의 「부여 옛날 국수집」, 윤의섭의 「국수집」, 김종제의 「칼국수」, 목필균의 「비빔국수를 먹으며」, 조선영의 「칼국수를 미는 저녁」 등, 수많은 시인들이 국수에 관한 시를 써서 독자들에게 향수를 제공하고 있다.

어린 시절의 잡채는 할아버지 할머니 생신이나 결혼식이 있어야 얻어먹던 별미였다

봄이면 분칠하여 얼굴이 뽀얀 양파의 그녀는 앙칼지게 몸부림치며 기가 죽었다 소나무같이 푸른 시금치를 살짝 데쳐서 보니 그녀의 치마색이 짙어졌다 햇

살을 향해 힘줄이 불거진 당근을 달달 볶아 그녀가 붉게 타버린 단풍잎처럼 쏘아본다 표고버섯 소고기 넣어 골고루 섞어주니 고드름 같은 당면이 서로 어깨동무하며 얼싸안고 있다

　　고소한 냄새를 풍기며 식탁 위로 올라온 당면 한 접시 도리깨침을 참키는 내 입술을 기다리고 있다

-「잡채 속의 사계」 전문

　잡채는 국수보다 좀 더 귀한 음식이다. 국수는 배고픈 사람의 배를 채워주었다면, 잡채는 어머니나 고향이 그리운 사람에게 향수를 채워주었다고 할 수 있다. 고등학교 시절, 나는 홀로 유학을 나와 아이들을 가르치며 자취를 했다. 그때 짝꿍은 일요일이면 내게 11시반까지 어느 예식장으로 나오라고 약속을 한다. 우리는 그곳에서 예식장에 온 친지나 마을사람들처럼 쟁반을 나르며 한참 동안 심부름을 해준다. 그리고 한 상 거하게 차려놓고 점심을 먹는다. 그때 국수나 과일, 돼지불고기도 먹었지만 잡채를 두 접시씩 가져다 배를 채운 것이 가장 기억에 남는다. 그땐 예식장으로 돌아다니며 얻어먹는 무전취식 전문 아줌마들도 있었다고 한다. 정춘식 시인의 말처럼 "어린 시절의 잡채는 할아버

지 할머니 생신이나 결혼식이 있어야 얻어먹던 별미였"다. 그 잡채 속에 네 계절이 들어있는 줄은 몰랐다. 얼굴 뽀얀 양파의 봄, 소나무처럼 푸른 시금치의 여름, 힘줄 불거진 양파의 가을, 고드름 같은 당면……. 시는 이현령비현령, 즉 귀에 걸면 귀걸이이고 코에 걸면 코걸이이다. 작가가 어떻게 끌어다 붙이고 타당성을 확보하느냐에 따라 시의 성패가 갈린다. 잡채는 맵지 않고 다양한 야채와 고기를 함께 버무리는 음식으로 남녀노소 누구나 좋아한다. '윤 식당'이라 해서 오스카상을 받은 배우 윤여정과 이서진, 정유미, 박서준 등이 이탈리아나 스페인 등 해외에서 잠시 장소를 빌려 한국식당을 경영하는 프로그램인데 그곳에서도 잡채는 단연 인기다. 그만큼 식감 좋고 달작지근한 누들(국수의 총칭)은 먹어본 적이 없을 터이니 외국사람, 특히 외국의 어린이들에게 잡채는 베일 속에 가려진 동양만큼이나 신비스러웠을 것이다. 오늘 저녁에는 잡채나 해먹어야 할까보다.

> 약속 시간에 너무 늦지는 않았겠지 하면서
> 경복궁 안으로 들어갔다
> 낯빛과 체온과 감정이 파도친다

얼굴이 까만 임금님이 뛰어가신다
그리고 노랑머리 임금님이 뛰어가신다

파란 눈을 가진 백인 임금님이
셀카봉을 들고 포즈를 취하느라
정신이 없다

인종차별이 없는 임금님께서
얼마나 뛰어다니시는지
이마에 땀이 송글송글 맺히네

도대체 어떤 주상을 따라야 할지 모르겠다
하얀 쌀밥 광고하시는
여주의 임금님이 생각났다

- 「1일 천하」 전문

    필자가 강의하는 고려대학교 평생교육원 시창작과정에서 지난 2020년 가을에 경복궁으로 야외수업을 갔었다. 요즘 한류의 열풍으로 외국인들이 우리나라 고궁을 많이 찾는다. 게다가 한복을 입고 고궁을 찾는 것이 젊은이들 사이에 유행처럼 번져서 한복을 빌려 입고 고궁을 찾는 사람들로 고궁은 정말 아름다운 광경을 연출한다. 외국에서 온 관광객들은 한복을 입고 고궁을 관람하는 한복체험 코스가 한국에 가면 당연히 해야 할 코스로 자리 잡은 지 오래라고 한다. 코가 큰 유럽 사람, 피부가 검은 아프리카 사람, 우리와 비슷하면서도 어딘가 조금 다르게 생긴 일본사람이나 중국사람, 보면 금방 알 수 있을 것 같은 태국, 베트남, 필리핀 등 남방 계통의 아시아 사람들이 한복을 입고 고궁을 거닐며 폰카메라의 셔터를 눌러대는 모습은 참으로 아름답기도 하고 고맙기도 하며, 우리나라가 이렇게 선망의 대상이 되었다는 것에 나도 몰래 어깨가 으쓱해지기도 한다. 임금님 옷을 입은 외국 사람들을 보고 정춘식 시인은 '1일 천하'라는 기가 막힌 제목을 떠올렸다. "얼굴 까만 임금님, 파란 눈을 가진 임금님, 인종차별 없는 임금님"이란 말에 관광산업은 정말 차별이 없다는 생각을 해본다. 이를 계기로 과거 우리 역사에서 무장봉기를 살펴보고자 한다.

과거에 무장봉기로 잠시 잠깐 동안 권력을 잡은 사례는 많다. 우선 고려시대에는 무신의 난이 있었다. 무신정변이라고도 불리는 이 사건은 무신들에 대한 조정의 차별에서 비롯된 난으로 당시 상장군 정중부와 이의방, 이고 등의 무신들이 일으켰기 때문에 정중부의 난 또는 무신의 난이라 부르는 경우도 있으나, 성공했기 때문에 난(亂)이라고 부르기엔 어폐가 있다. 결국 고려는 이 막장사태 이전으로 돌아가지 못하고 멸망하게 된다.

망이·망소이난(亡伊亡所伊亂)이란 무장봉기가 있다. 고려 무신집권기 초기인 1176년(명종 6) 1월부터 이듬해까지 약 1년 반에 걸쳐서 숯을 생산하는 수공업자들의 구역인 충청도 공주(公州) 명학소(鳴鶴所)를 중심으로 일어난 농민과 천민들의 난이다. 망이와 망소이는 고려시대 특수 행정 구역이었던 향, 소, 부곡에 살았던 주민들로서, 양인 신분이었으나 세금의 부담이 일반 양인보다 높았으며, 과거나 국학의 입학 또한 제한되고 승려가 될 수 없는 등 많은 차별 대우를 받았고 이에 봉기하여 공주와 예산 일대를 1년 반 동안이나 장악했던 무장봉기사건이다.

노비가 일으킨 난도 있다. 이름하여 만적의 난(萬積 -亂)은 1198년(신종 1년) 고려 무신 집권기에 최충헌의 노비 만적이 중심이 되어 일으킨 노비 해방운동이다. 앞서 일어난 무신의 난(무신정변)은 문무의 지위를 바꾸었을 뿐 아니라 신분 질서에 많은 변동을 가져왔다. 그리하여 하층 계급은 집권 세력이 약화된 것을 이용하여 정치적·경제적·사회적으로 눈에 띄게 진출하였다. 특히 명종·신종 시대에는 각지에서 농민과 노비가 자주 난을 일으켰는데, 그 중 가장 규모가 크고, 목적이 뚜렷한 것이 만적의 난이다.

조선시대에 들어와서도 양민들의 무장봉기가 있었다. 큰 사건은 갑신정변과 갑오농민운동이다. 갑신정변(甲申政變)은 1884년 12월 4일 김옥균·박영효·서재필·서광범·홍영식 등 개화당이 청나라에 의존하는 척족 중심의 수구당을 몰아내고 개화정권을 수립하려 한 무력 정변이다. 우정국(郵政局) 낙성식을 계기로 정변을 일으켜 중국 간섭 배제, 문벌과 신분제 타파, 능력에 따른 인재 등용, 인민 평등권 확립, 조세 제도 등의 개혁 정책을 내놓았다. 3일밖에 지속되지 못했음으로 '3일 천하', '3일 혁명' 등으로도 부르는데 정춘식 시인의 '1인 천하' 발상도 여기에서 기인한다.

동학혁명은 1894년 동학 지도자들과 동학교도 및 농민들에 의해 일어난 백성의 무장 봉기를 가리킨다. 양반 관리들의 탐학과 부패, 사회 혼란에 대한 불만이 쌓이다가, 전라도 고부군에 부임된 조병갑의 비리와 남형이 도화선이 되어 일어났다. 부패 척결과 내정 개혁, 그리고 동학 교조 신원 등의 기치로 일어난 혁명이다. 동학농민군을 진압하기 위해 민 씨 정권에서는 청나라 군과 일본군을 번갈아 끌어들여 결국, 농민 운동 진압 후 청일 전쟁의 직접적인 원인이 되었다. 이들 네 가지

사건의 자료는 다음백과사전에서 발췌하였음을 밝힌다.

> 가양리 실개천 돌다리를 사방치기 하듯 건너
> 굽이굽이 무럭고개를 넘어 왕방산 중턱을 오른다
> 목이 짧은 제비꽃 나를 반긴다
> 하늘엔 매가 바람개비처럼 돌고 있다
> 골짜기엔 버들강아지 솜털이 뽀송뽀송하다
> 청솔가지 위에 빨간 모자를 쓰고
> 노란줄무늬 조끼를 입은 딱따구리 한 마리
> 분주하게 옮겨 다니며 딱 딱 딱
> 소나무 산수유나무에 붙어 쪼아대는 모습이
> 영락없이 치과선생님이다
>
> 왕방산 주치의 딱따구리 치과선생님
> 그가 왕방산 한 바퀴 왕진을 돌면
> 잣나무도 참나무도 자작나무도 아이들처럼 윙윙윙 운다

- 「왕방산 치과의사」 전문

이 시는 이 시집의 제목이 된 시이자 정춘식 시인이 《스토리문학》 2020년 하반기호로 시인이 될 수 있게 해준 등단작품이다. 정춘식 시인의 작품들은 특별한 상

상력이 돋보이는 작품들이 많다. 추억을 재구성한 그의 시편들은 예리한 관찰력이 없으면 써낼 수 없는 고도의 시적 기법을 사용한 시로 평가받았다. 봄날 왕방산에 나타난 딱따구리를 치과의사로 바라본 시적 상상력이 놀랍다. 일반적으로 딱따구리를 목수나 석수장이, 대장장이로 표현할 법도 한데, 정춘식 시인은 치과의사로 보고 그에 맞는 상상력을 펼쳐나간다. 시는 개성의 문학이다. 얼마만큼 자신의 눈으로 바라보느냐가 관건이다. 정춘식 시인은 추억이나 현실의 사건을 잘 관찰하고 이를 상상력으로 환치해내는 능력이 출중한 시인으로 평가된다. 어릴 적 이를 가는 시기에 일어난 추억을 잘 기억해내고, 까치가 물어갔다는 상상력을 지금까지 이어오고 있다. 시인에게 있어 부자란 돈이 많은 사람이 아니라 얼마만큼 동심과 상상력을 가지고 있느냐가 시인이 독자로부터 사랑받을 수 있느냐 없느냐의 관건이다. 얼마나 어린이다운 상상력을 많이 가지고 있느냐는 그 시인을 큰 작가로 성장시킬 수 있는 원동력 되는 것이다.

나는 지금까지 왕방산의 이름이 조선을 건국한 초대 임금 이성계가 다녀가서 그렇게 붙여진 줄 알았다. 왜냐하면 경기도 북부지방에는 이성계에 관한 지명이 너무나 많기 때문이다. 남양주의 내각리는 이성계가 아들이방원한테 국새(나라의 도장)를 내주었다고 해서 내각리요, 팔아리는 이성계가 이방원을 잡으려고 여덟 밤을 잔 데서 유래한다고 한다. 서울의 세검정은 이성계가 칼을 씻었다고 해서 붙여진 이름이요, 고양시의 세수리는 손을 씻었다고 해서 붙여진 이름이라 나는 왕방산 역시 이성계가 방문해서 그런 줄 알았다. 그런데 이번에 정춘식 시인의 시집 출판을 계기로 그것을 바로잡을 수 있어 감사한 마음이다. 다음 백과사전에 검색해 보니 "천시의 진산으로 불려온 왕방산(737m)은 포천읍 서쪽에 우뚝 솟아있는 산이다. 신라 헌강왕 3년 (872)경 도산국사가 이곳에 머무르고 있을 때 '국왕이 친히 행차, 격려하였다.'해서 왕방산이라 불리어졌고, 도선국사가 기거했던 절을 왕방사라 했다는 말이 전해지고 있다. 그 절터에 지금의 왕산사가 복원되었다. 왕방산은 광주산맥 서쪽의 지맥인 천보산맥의 북단에 자리 잡고 있는 산이다."라고 나와 있다. 그러니까 왕방산은 신라 헌강왕이 다녀간 이후에 붙여진 이름이었던 것이다. 포천의 역사를 바로 알게 되는 계기가 되어 정춘식 시인에게 감사하다.

서울역에서 나를 태운 버스는 엉덩이를 흔들더니
다섯 시간 만에 구례에 도착했다

매화 산수유의 영접을 받으며
죽림마을 강화노씨 집성촌마을에 들렀다

고택에 들어서니 옆 굴뚝 대청마루에
쌀 두 가마니 들어가는 운조루가 놓여있다

섬진강 기슭에서 쉴 사이 없이 불어오는 바람에
새까맣게 그을린 밥심의 얼굴이다

타인능해, 누구라도 열어서 쌀을 가져가도 좋다는 그녀
오늘도 굶는 사람이 없기를 바라며 밥을 짓는다

– 「운조루에서」 전문

  정춘식 시인은 절친 시인인 황우정 시인과 운조루를 직접 가서 구경했다고 한다. 운조루(雲鳥樓)는 전라북도 구례군에 있는 양반 대가의 사옥이다. 운조루란 이름은 중국 동진에서 육조 시대의 시인 도연명(陶淵明)의 시(詩)「귀거래사(歸去來辭)」라는 칠언율시에서 머리글자만 따온 것으로 추정된다. 조선 영조 때 유이주(柳爾胄)가 낙안군수로 있을 때 건축했다. 큰사랑채 대청 위에 쓰여진 상량문에 따르면 영조 52년(1776)에 세운 것이라 한다. 유이주가 작성한 『장자구처기』에 따르면 처음 지어질 당시의 운조루는 78칸 집이었다. 그러나 지금은 63칸이 보존되어 전하고 있다. 이 집 곳간 건물 앞에 오래된 쌀뒤주 하나가 놓여 있다. 이 뒤주 아래쪽에는 '타인능해(他人能解)'란 글씨가 쓰여 있다. 이 말은 '누구나 열 수 있다.'는 뜻으로 배고픈 사람들이 언제라도 뒤주를 열어 필요한 만큼 가져갈 수 있도록 한 것이다. 뒤주가 재물을 보관하는 치부의 수단이 아니라 가진 걸 나누는 나눔의 수단이었던 것이다.

▲ 운조루의 230년 된 쌀 뒤주

통나무를 깎아 만든 이 뒤주에는 두 가마니 닷 되의 쌀을 담을 수 있다고 한다. 집주인은 한 달에 한 번씩 뒤주가 비워지면 쌀을 다시 채울 것을 명했는데, 이렇게 나눠진 쌀이 매년 30여 가마에 달한 것으로 전해진다. 뒤주가 놓인 위치가 남이 잘 보이지 않는 곳에 놓여 있고, 운조루의 굴뚝 또한 밥 짓는 연기가 잘 보이지 않게 1m도 채 안 되게 만들어졌다 한다. 운조루 주인의 생일 때면 석 달 열흘 잔치를 벌여 근방 100리에 사는 사람들이 누구든 와서 밥을 먹었다고 한다. 양반이든 거지든, 노인이든 아녀자든, 누구든 오면 밥상을 차려 굶고 가는 자가 없게 했다고 하니 가난한 사람들을 위한 부자의 배려가 찔끔찔끔 정부의 눈치를 보며 기부하는 대기업회장들과 비교가 된다.

    이른 새벽부터 준비하여
    공항버스를 타고 제주도로 향했다
    하늘에서 보는 땅은
    노란금빛 헛꿈들이 춤을 추고 있다
    바람에 쏠리듯 밀려드는 관광객
    이렇게 더운데 밖에서 줄을 서고 있다

    드디어 '여인천하' 촬영지에 도착하여
    나도 긴 줄을 섰다
    조선왕조 오백 년의 문정왕후가 되고 싶어
    왕비 옷 입었다
    화관무머리 가체 옥비녀
    왕비머리를 하고 싶었다
    문정왕후가 되고 싶어
    삼만 원으로 헛된 꿈이 부풀어 올랐다

    그런데 남편이 '여보 빨리 와요' 하면서

내 손을 잡아당겼다
나는 왕비의상을 차려입고 있다가
낮잠에서 깨어났다

  - 「문정왕후가 되다」 전문

 지금은 사람의 신분에 귀천이 없는 세상이다. 옛날에는 한 번 노비의 자식으로 태어나면 평생 노비로 살다 죽어야 했고, 소작농의 자식으로 태어나면 열심히 일해서도 다 가지지 못하고 주인에게 농사의 반을 빼앗기며 살아야 했다. 그런데 이제는 나만 열심히 살면 부자가 될 수 있는 세상이다. 누구나 열심히 살면 외제차를 타고 다닐 수 있고, 물방울다이아몬드 반지를 끼거나, 수천만 원짜리 롤렉스시계를 팔목에 찰 수 있는 세상이다. 그런데 앞서 「1일 천하」라는 시에서 설명한 바와 같이 과거는 계급사회였다. 누구나 신분상승을 꿈꾼다. 시인이 되고 싶은 것도 그러한 맥락이다. 너나 할 것 없이 지식인사회에 발을 끼워 넣고 싶은 것이다. 똑똑한 사람들의 부류로 분류되고 싶은 것이다. 나 역시 그렇다. 우리는 서민이라는 말로 불려왔다. 그러나 서민이라는 말은 엄연히 따져 말하자면 2등 국민이라는 뜻이다. 서자(庶子)라는 말은 양반과 양민 여성 사이에서 낳은 아들이라는 뜻 외에 큰아들을 제외한 모든 아들이라는 뜻을 가지고 있다. 말하자면 서민이란 적법한 국민으로 보는 것이 아니라 세금도 잘 못 내고 말썽이나 피우고 속을 썩이는 아들쯤으로, 정부를 어렵게 하는 국민으로 보는 것이다. 그래도 얼자(孼子), 즉 양반과 천민 사이에서 태어난 자식으로 보지 않으니 다행이긴 하다. 2021년을 사는 우리나라가 아직도 대부분의 국민에 대한 호칭을 서민이라는 말을 쓰고 있으니, 봉건사상은 아직도 그 뿌리가 깊음을 알 수 있다. 과거는 한 번 나라를 세워 왕이 되면 대대로 왕을 해먹을 수 있었던 왕조국가였고, 한번 양반이면 대대로 양반으로 태어날 수 있었던 봉건국가였다. 그렇지만 지금도 금수저로 태어나면 죽을 때까지 일을 안 하고 살면서, 사람들을 종 부리듯 부리고 살게 되고 한 번 흑수저로 태어나면 죽어라 일을 해도 가난에서 헤어 나올 수 없는 환경이 안타깝다. 이병철, 정주영, 구자경의 자식들은 모두 재벌로 살게 되는 환경 앞에서 정춘식 시인이 문정왕후가 되고 싶은 것은 우리네 서민들의 신분상승욕구가 시로 나타난 결과다.

  4월의 큰문을 소리 내어 열었다
  우리 곁에 큰 선물로 온 며느리에게

선물을 뭘 할까 밤잠을 설쳤다
우거진 오솔길을 나 홀로 걸으며
숲과 어우러져 콧노래도 불렀다
얼마나 걸었는지 참나무 소나무 단풍나무
햇살 쏟아지는 소리에 깜짝 놀랐다
참 사장님의 가게 귀걸이는
신라시대에 엄청 유행되었던 귀걸이모형
신라시대 장신구를 변형시켜
도금을 입힌 것 같은 괜찮은 주얼리 디자인이다
화려하게 매달린 작은 물방울무늬
바람이 불면 더욱 찰랑거릴 것이다
참 사장님의 섬세한 솜씨에
나는 단골이 되기로 했다

- 「귀걸이를 고르다」 전문

 이 시는 관찰심상법에 의해 쓰여진 시다. "4월의 큰 문을 소리 내어 열었다."라고 시작하는 도입부가 신선하다. "우리 곁에 큰 선물로 온 며느리"는 누구일까? 그녀는 봄이라는 신선하고 아리따운 며느리다. 그 며느리는 성격이 발랄하고 꾀꼬리의 목소리를 지녔다. 절대자, 즉 조물주라는 시어머니는 봄이라는 며느리에게 선물을 골라주고 싶어 한다. 그 며느리에게 무얼 사주고

싶어서 4월의 가게 거리를 걷는다. 참나무 가게, 소나무 가게, 단풍나무 가게가 일찍 가게 문을 열었다. 참나무가게 참 사장님은 귀걸이 장사군, 소나무가게 소 사장님은 재봉틀가게, 단풍나무 가게 단 사장님은 스티커가게 사장님 쯤 되는 것 같다. 그중 작중 화자인 시어머니, 즉 조물주는 먼저 참사장님 가게에 들러 주얼리로 만들어진 귀걸이를 봄이라는 며느리에게 선물하고 싶어 한다. 첨부된 사진은 정춘식 시인이 산책을 하면서 찍은 참나무꽃 사진이다. 사진을 가만히 들여다보니 정말 정춘식 시인의 말처럼 "참 사장님의 가게 귀걸이는 / 신라시대에 엄청 유행되었던 귀걸이모형"이다. 참나무꽃의 사진을 흑백으로 보여드릴 수밖에 없어 안타깝지만, 거의 금으로 된 귀걸이와 흡사한 색깔의 꽃은 누가 봐도 신기하고 아름답다. 정춘식 시인처럼 나도 참사장님의 단골 고객이 될 것 같다. 자연에는 아름다운 것이 너무나 많다. 현호색 같은 꽃이나 천남성의 열매를 바라보면 어떻게 그렇게 아름답게 만드셨는지 조물주에 대한 감탄이 저절로 나온다. 새봄에 그냥 새싹이 돋아나며 산을 연둣빛으로 칠하는 것만으로도, 가을이면 단풍이 들어 온 산하를 울긋불긋 수놓는 것만으로도 우리는 대자연 앞에 경건한 마음이 되는데, 참나무 꽃처럼 저렇게 아름다운 모양과 빛깔로 우리를 부르면 우리 인간은 그저 감탄하며 대자연 앞에 복종을 하는 수밖에 없어진다. 정춘식 시인의 시에는 이런 자연을 잘 관찰하고, 떠오르는 시상을 쓴 시가 많다. 이는 고도의 시적 기법으로 그녀가 오랜 시간동안 고려대 평생교육원 시창작과정에서 시를 공부했기 때문에 자연스레 몸에 배인 시창작법이요, 필자가 말하는 '즐기며 받아쓰는 시창작법'인 것이다. 흔히 우리는 시를 쓸 때 머리로 쓰는 것이 아니라 발로 쓰는 것이라고 말한다. 또 시는 짓는 것이 아니라, 받아쓰는 것이라고도 한다. 자연현상을 보고 귀금속가게를 생각하고, 신라시대 왕가의 귀걸이장식을 생각하는 것은 정춘식 시인이 시를 지으려는 것이 아니라 자연현상을 받아써서 나온 걸작이라 해도 과언이 아니다.

이상에서처럼 정춘식 시인의 시 몇 수를 읽어보면서 그가 왜 시인이 될 수밖에 없었는지에 대하여 가늠해 보았다. 정춘식 시인은 우선 시농사를 짓기 위한 비옥

한 토양의 추억 경작지를 수천 평 소유하고 있다. 그의 추억은 마르지 않는 화수분이다. 어떻게 그렇게 많은 추억을 잊지 않고 시로 승화할 수 있었는지 정말 부럽다. 두 번째로는 시를 쓰기 위한 좋은 연장을 두루 갖추고 있다. 정춘식 시인은 마음의 돋보기와 졸보기, 줄자와 망원경, 저울과 지렛대를 늘 가지고 다니면서 측량하고 혜량해서 시에 맞도록 재단하고 용도를 변경해 절창이라는 시를 생산해낸다. 보통 사람들은 연장만 좋고 일은 잘 못 하거나 연장을 쓸 줄 모르는 경향이 있다. 그런데 정말 일을 잘 하는 사람은 연장이 좋지 않아도 주어진 환경을 응용해서 계획했던 일을 완성해내는데 정춘식의 시는 그런 능력을 가지고 있다. 말하자면 시인에게 가장 필요한 연장은 스토리와 관찰력인데, 이제 시를 배운지 불과 3년 남짓된 사람이 어떻게 그렇게 예리하고 독창적인 이야기를 가지고 관찰을 해내는지 감탄스럽다. 나는 그동안 수많은 첫 시집을 보아왔다. 대부분 사랑타령과 바람으로 대표되는 첫 시집에 비해 정춘식 시인의 시집의 수준은 문학작품 그 자체다. 첫 시집이 이리도 재미있을진대 두 번째 시집은 실로 기대된다. 어렵고 힘든 과정에서도 희망의 끈을 놓지 않고 살아오신 그동안의 노고를 진심으로 치하드린다.

정춘식 시집

왕방산 치과의사

초판인쇄일 2021년 9월 08일
초판발행일 2021년 9월 20일

지은이 : 정춘식
발행인 : 김순진
편집장 : 전하라
디자인 : 김초롱
펴낸곳 : 도서출판 문학공원
등 록 : 2004년 3월 9일 제6-706호
주 소 : 우편번호 03382 서울 은평구 통일로 633
  녹번오피스텔 501호 스토리문학사
전 화 : 02-2234-1666
팩 스 : 02-2236-1666
홈페이지 : http://cafe.daum.net/yob51
이메일 : 4615562@hanmail.net

※ 책값은 뒤표지에 있습니다.
※ 저자와의 협의에 의해, 인지는 생략합니다.